BEI GRIN MACHT SICH IHR WISSEN BEZAHLT

AF137365

- Wir veröffentlichen Ihre Hausarbeit,
  Bachelor- und Masterarbeit

- Ihr eigenes eBook und Buch -
  weltweit in allen wichtigen Shops

- Verdienen Sie an jedem Verkauf

Jetzt bei www.GRIN.com hochladen und kostenlos publizieren

Leo Strauss und die Entdeckung der politischen Philosophie der Antike

Fabian Uhl

Bibliografische Information der Deutschen Nationalbibliothek:

Die Deutsche Nationalbibliothek verzeichnet diese Publikation in der
Deutschen Nationalbibliografie; detaillierte bibliografische Daten sind
im Internet über http://dnb.d-nb.de abrufbar.

ISBN: 9783346505644
Dieses Buch ist auch als E-Book erhältlich.

© GRIN Publishing GmbH
Nymphenburger Straße 86
80636 München

Druck und Bindung: Books on Demand GmbH, Norderstedt Germany
Gedruckt auf säurefreiem Papier aus verantwortungsvollen Quellen

Das Buch bei GRIN: https://www.grin.com/document/1130639

Inhaltsverzeichnis

1. Einführung in das Thema

Strauss erntete zweifelhaften Ruhm als vermeintlicher (Mit-)Vater der so genannten „konservativen Revolution" in den Vereinigten Staaten von Amerika. Mit der Vereidigung George W. Bushs zum 43. Präsidenten der USA im Januar 2001 waren die amerikanischen Neokonservativen, die intellektuellen Rechten, am Ziel und bestimmen seither die amerikanische Außenpolitik (Irakkrieg). Dieser Tag stellt eine fundamentale geistige Wende dar, die Ultrakonservativen waren siegreich aus dem Kampf der Ideen hervorgegangen. Die politische und geistige Landschaft in den USA wurde neu geordnet, die Weltanschauung der US-Bürger, die Art wie diese ihre Gesellschaft wahrnehmen, wurde durch das Wirken der konservativen „Thinktanks" entscheidend verändert. Nach der Überzeugung mancher steht dahinter Leo Strauss, der in den sechziger Jahren eine „konservative" Geistestradition gegen die „Neue Linke" verteidigt hatte. Richtig ist, dass einige „Straussianer"[1] Schlüsselstellen des öffentlichen Lebens in den USA besetzen oder besetzt haben (Wolfowitz, Fukuyama, Perle) und vermutlich haben Prägungen des Denkens der Neokonservativen zum Teil etwas mit Strauss zu tun. Ihn aber als „Drehbuchautor" der Politik der Neokonservativen zu sehen, scheint seine Wirkung doch enorm zu überschätzen.

Dennoch ist Leo Strauss zu Recht als „eine der wirkungsmächtigsten Figuren der politischen Philosophie des 20. Jahrhunderts" bezeichnet worden.[2] Sein Werk umfasst praktisch die komplette abendländische Denkgeschichte, von deren Beginn bis in die Gegenwart hinein. Strauss' großes Anliegen und gewissermaßen sein Lebensziel war die Rehabilitation der, seiner Meinung, nach von der Moderne zu Unrecht diskreditierten Tradition, genauer der griechischen Antike, und in Verbindung damit die Neubegründung der politischen Philosophie in deren klassischem Sinne. Das machte ihn zu einer der umstrittensten Figuren der politischen Philosophie seiner Zeit, da er sein Denken auf ein scheinbar weit entferntes Erkenntnisideal gründete und diesem Ideal gleichzeitig einen unmittelbaren und praktischen Bezug zur Gegenwart attestierte.[3]

Am Beginn der Betrachtung steht ein Blick auf die „Wiederentdeckung" des Aristoteles in der (politischen) Philosophie des 20. Jahrhunderts. Dem folgen eine Darstellung der „Krise der Moderne" und der daraus resultierenden Wiederbegründung politischer Wissenschaft.

---

[1] Damit sind ehemalige Schüler von Strauss an der University of Chicago oder generell Anhänger seiner Lehre gemeint.
[2] Alfons Söllner, Leo Strauss, in: Karl Graf Ballestrem/Henning Ottmann (Hg.), Politische Philosophie des 20. Jahrhunderts, München 1990, S. 105.
[3] Ebd., S. 105.

Anschließend soll Strauss' „Entdeckung" der politischen Philosophie der Antike und der „exoterisch-esoterischen" Lehre behandelt werden. Zum Schluss wird noch auf Strauss' Rezeption der politischen Lehre des Aristoteles, vor allem im Hinblick auf dessen Naturrechtslehre, eingegangen.

2. Die Wiederentdeckung des Aristoteles

In der politischen Philosophie des 20. Jahrhunderts lässt sich eine Wiedergeburt aristotelischer Denkmuster beobachten. Bedeutende politikwissenschaftliche und philosophische Schulen in den USA und Deutschland waren und sind aristotelisch geprägt. Träger dieser Entwicklung waren unter anderem Hannah Arendt, Hans-Georg Gadamer, Eric Voegelin, Dolf Sternberger, Leo Strauss, Joachim Ritter, Alasdair MacIntyre und Martha Nussbaum. Diese „Renaissance" kann nur als überraschend bezeichnet werden, da der Aristotelismus, welcher das gesamte europäische Denken entscheidend beeinflusst und geprägt hatte, seiner Vormachtstellung im 16. Jahrhundert verlustig gegangen war. Verantwortlich dafür waren Hobbes, Machiavelli und Bodin, die eine radikale Änderung des Blickwinkels auf die Politik und die Philosophie vollzogen. Sie passten Ethik und Politik der neuzeitlichen Forderung nach naturwissenschaftlich-technischer Rationalität an. Im Mittelpunkt stand nun nicht mehr die Frage nach dem guten Leben, sondern das bloße Überleben. Ein artifizielles Vertragsmodell ersetzte die natürliche Gemeinschaft der Bürger, die sich nun gegenseitig und im Verhältnis zum Staat wie Fremde gegenüber standen. Dieser Paradigmenwechsel in der (politischen) Theorie war der Veränderung der Rahmenbedingungen in der politischen Praxis geschuldet, die sich mit den herkömmlichen Denkfiguren nicht mehr erklären ließ. Allerdings lag dies vielmehr in der in Dogmen verhafteten, spätscholastischen Aristoteles-Tradition begründet, als in den Schriften des Aristoteles selbst.

Nach dem Frontalangriff Kants auf die aristotelische Philosophie verschwanden *Politik* und *Nikomachische Ethik* aus dem akademischen Lehrbetrieb. Sie wurden durch zum einen durch Naturrechtslehre, zum anderen durch politische Ökonomie und Verwaltungskunde ersetzt. Auch heute noch existiert eine einflussreiche Geisteshaltung, die eine dezidiert anti-aristotelische Haltung als Basis der (politischen) Rechtmäßigkeit der Neuzeit betrachtet. Jürgen Habermas macht sich zu ihrem Sprecher wenn er sagt: „Die Moderne kann und will ihre orientierenden Maßstäbe nicht mehr Vorbildern einer anderen Epoche entlehnen, sie muß ihre Normativität aus sich selbst schöpfen. Die Moderne sieht sich, ohne Möglichkeit der Ausflucht, an sich selbst verwiesen."[4]

An dieser Stelle muss man jedoch konstatieren, dass 2 Weltkriege, der Kalte Krieg, der Siegeszug des Totalitarismus und innere Umwälzungen in den westlichen Gesellschaften zu Zweifeln daran geführt haben, die Moderne könne aus eigener (geistiger) Kraft heraus ihre Krise überwinden. Jeder Denker des 20. Jahrhunderts, der sich auf Aristoteles beruft, hegt diese Zweifel in sich und eröffnet sich durch die Beschäftigung mit der Lehre des Stagiriten die Möglichkeit, sich der unreflektierten Voraussetzungen des modernen Denkens der Neuzeit bewusst zu werden. Somit sind diese „Aristoteliker" in der Lage, eine Bilanz des Strebens nach Fortschritt und Autonomie zu ziehen und Gegenwart (und auch Vergangenheit) von einem neuen Standpunkt aus zu sehen. Dies ist der Zweck der so genannten „aristotelischen Diskurse", womit Denkmuster gemeint sind, die der politischen (bzw. praktischen) Philosophie zuzurechnen sind, also nach der grundsätzlichen Festlegung des Aristoteles Politik und Ethik betreffen. „Aristotelische Diskurse" bedeutet an dieser Stelle ein Gespräch sowohl *mit*, als auch *über* Aristoteles.[5]

3. Leo Strauss

3.1. Biographie

Leo Strauss wurde am 20. September 1899 in Kirchhain (Hessen) als Kind der beiden jüdischen Deutschen Hugo und Jennie Strauss geboren. Er besuchte das humanistische Gymnasium Phillipinum in Marburg und begann 1918 sein Studium der Philosophie in Hamburg, wo er 1921 bei Ernst Cassirer über Friedrich Heinrich Jacobi promovierte. Darauf folgten Studien in Freiburg und Marburg, unter anderen bei Edmund Husserl und Martin Heidegger. Von 1925 bis 1932 war Strauss Mitarbeiter an der „Akademie für die Wissenschaft des Judentums" in Berlin. 1932 ging er mit einem Rockefellerstipendium zunächst nach Paris, 1934 dann (ebenfalls mit einem Rockefellerstipendium) nach Cambridge. 1938 siedelte Strauss in die USA über, wo er seine Lehrtätigkeit an der „New York School for Social Research" in New York aufnahm, an welcher er 1941 zum Associate Professor ernannt wurde. 1944 erhielt er die amerikanische Staatsbürgerschaft und trat 1949 schließlich eine Professorenstelle für Politische Philosophie an der University of Chicago an. Leo Strauss starb am 18. Oktober 1973 in Annapolis (Maryland, USA).

---

[4] Thomas Gutschker, Aristotelische Diskurse. Aristoteles in der politischen Philosophie des 20. Jahrhunderts, Stuttgart 2002, S. 1/2.
[5] Gutschker, Diskurse, S. 2/3.

3.2. Die Krise der Moderne

Strauss' Biographie erfuhr eine deutliche Zäsur, als er in den dreißiger Jahren vor den Nationalsozialisten floh. Dieser Einschnitt in seinem Leben veranlasste ihn zu einer gründlichen politisch-philosophischen Reflexion, die zu einer umfassenden Bestandsaufnahme und Abrechnung mit der Moderne führte. Strauss versuchte sich nach 1945 an einer Diagnose von Nationalsozialismus und Stalinismus. Er unternahm den Versuch, das Aufkommen dieser beiden totalitären Regime, von welchen er eines unmittelbar selbst erlebt hatte, zu abstrahieren und in einen größeren Zusammenhang zu stellen. Dieser Prozess mündete in der Überzeugung, die eigene Gegenwart sei End- und Höhepunkt einer tief greifenden Krise der Moderne („crisis in Western civilization").[6] Strauss betrachtete den Verlust antiker Weisheit, die Zerstörung der politischen Philosophie durch Positivismus und Historismus als Ursache der Krise der Moderne. Da diese ihre Krise nicht aus sich selbst heraus überwinden konnte, suchte er in der Vormoderne nach Lösungsansätzen und fand sie bei den griechischen Philosophen, präziser gesagt in einer Rekonstruktion und Rehabilitierung deren politischer Philosophie.[7] Auf diesem Wege gelangte er zu Aristoteles und erkannte die Relevanz der aristotelischen Philosophie für die Lösung der Probleme des 20. Jahrhunderts.[8]

3.3. Die Wiederbegründung politischer Wissenschaft

Mit seiner Hinwendung zur Philosophie der Griechen ging Strauss zurück zu den Wurzeln der Philosophie des Abendlandes und entfachte die „querelle entre anciens et modernes" neu, welche schon das 18. Jahrhundert nicht nur in Frankreich beschäftigt hatte.[9] Dies wird besonders in seinem wohl einflussreichsten Werk „Naturrecht und Geschichte" deutlich. Es beeinflusste das politische Denken sowohl in den USA als auch in Deutschland erheblich. Vor allem im akademischen Betrieb sorgte es für Furore, weil sein Ziel kein geringeres war, als politische Wissenschaft in direkter Nachfolge zu Aristoteles wiederzubegründen, ein Versuch, der seit mehreren Jahrhunderten nicht mehr unternommen worden war.[10]

---

[6] Gutschker, Diskurse, S. 53/55.
[7] Eugene F. Miller, Leo Strauss. The recovery of political philosophy, in: Anthony de Crespigny/Kenneth Minogue (Hg.), Contemporary political philosophers, London 1975, S. 87; Clemens Kauffmann, Leo Strauss zur Einführung, Hamburg 1997, S. 42/55-84.
[8] Gutschker, Diskurse, S. 58/59.
[9] Ballestrem, Politische Philosophie, S. 112.
[10] Gutschker, Diskurse, S. 53.

Strauss sah sich der Tatsache gegenüber, dass die Tradition der politischen Philosophie abgebrochen war („Die Geschichte der Moderne ist die Geschichte des Verschwindens der politischen Philosophie"[11]). Im Zuge seiner Beschäftigung mit dem Totalitarismus forderte er die Schaffung einer „neuen" politischen Wissenschaft, die die selbst auferlegten Beschränkungen der positivistischen Sozialwissenschaft überkommen sollte. Dieses Unterfangen sah sich von Anfang an großen Hindernissen gegenüber, da die Politikwissenschaft in den amerikanischen Universitäten zu Beginn von Strauss' akademischer Karriere von Sozialwissenschaftlern dominiert wurde, welche einen völlig anderen, später als „empirisch-analytischen" bezeichneten Ansatz verfolgten. Die Rückbesinnung auf griechische Philosophie, die „Wiedereinführung" von Ethik und Politik, Anthropologie, Ontologie und Metaphysik kollidierte mit der damaligen vorherrschenden Auffassung von Politikwissenschaft. Strauss' erklärtes Ziel war es, klassische politische Wissenschaft als platonisch-aristotelische *episteme politike* wieder zu etablieren. Er sah darin die einzig gültige Art und Weise, sich philosophisch und wissenschaftlich mit Politik zu beschäftigen.[12]

3.4. Strauss' „Entdeckung" der politischen Philosophie der Antike

Strauss hatte bereits während seiner Studien bei Jäger in Berlin und bei Heidegger in Freiburg durch eben jene Lehrer intensiven Kontakt mit klassischer Philosophie, fand jedoch erst mittels Beschäftigung mit Philosophen der Neuzeit und jüdisch-arabischen Philosophen des Mittelalters einen eigenen Zugang zu den griechischen Denkern der Antike. Auf dem Umweg über Spinoza stieß Strauss auf Maimonides, Judas Halevi und Al Farabi. Diese standen als Angehörige politischer Gemeinschaften, deren Gesetze die Religion diktierte, mit ihrem philosophischen Denken im Konflikt mit ihrer Umwelt, so dass sie sich der griechischen Philosophie, und besonders Platon, zuwandten, mit dessen Hilfe sie sich ihre philosophische Existenz erhalten zu können glaubten. So gelangte Strauss zur *politischen* Philosophie der Antike.[13]

Sokrates hatte laut Strauss den Fehler begangen, mit allen Bürgern gleich zu sprechen, keinen Unterschied zwischen den Weisen und dem Pöbel zu machen. Seine Gedanken und Fragen seien eine Gefahr für die Vorurteile und unreflektierten Meinungen der attischen Bürger gewesen und hätten deshalb eine Bedrohung der öffentlichen Ordnung dargestellt.

---

[11] Kauffmann, Leo Strauss, S. 57.
[12] Gutschker, Diskurse, S. 53/55/58/59.
[13] Ebd., S. 95.

6

Somit sei Sokrates vor die Wahl gestellt gewesen, „whether he should choose security and life, and thus conform with the false opinions and the wrong way of life of his fellow citizens, or else non-conformity and death". Sein Schüler Platon sah sich derselben Entscheidung gegenüber, wählte aber nicht wie sein Lehrer den Tod und auch nicht den Weg der inneren Konformität, sondern verband innere Nonkonformität mit äußerer Konformität. Er erfüllte und begrüßte die Erwartungen und Gesetze seiner Mitbürger, unterminierte sie jedoch im Verborgenen. Somit wurde Platon laut Strauss zum Begründer der politischen Philosophie, da dieser die politische Dimension und Relevanz der Philosophie erkannt habe.[14]

Strauss war der Auffassung, Platon und Aristoteles repräsentierten „the classic form of political philosophy", welche ihrer neuzeitlichen Schwester weit überlegen sei, denn „[...]what Aristotle and Plato say about man and the affairs of men makes infinitely more sense to me than what the moderns have said or say."[15] Auch sei ein klarer Begriff vom Politischen nur im Umkreis der klassischen Philosophie zu finden, da diese als erste die Bedeutung des Politischen erkannt und die politische Philosophie begründet habe.[16]

3.5. Die „exoterisch-esoterische" Lehre

Berühmtheit erlangte Strauss mit seiner (Wieder-) Entdeckung der in Vergessenheit geratenen Kunst des „esoterischen" Schreibens.[17] Der Philosoph hat laut Strauss ein Interesse daran, potentielle Mitdenker „heranzuzüchten", müsse dazu aber an die Öffentlichkeit gehen, um „[...] the qualified citizens, or rather their sons, from the political life to the philosophic life" zu führen. Damit jedoch entziehe er dem Gemeinwesen dessen „beste" Söhne, was ihn dazu zwinge, dieses Vorhaben im Verborgenen durchzuführen. Die politische Herausforderung des Philosophen besteht nach Strauss also darin, einerseits (wie oben beschrieben) äußere Konformität mit innerer Nonkonformität zu verbinden und andererseits einige Wenige vom „natürlichen Zauber" des bürgerlichen Daseins zu befreien. Die nachsokratischen Philosophen meisterten diese Aufgabe, indem sie eine „Kunst des Schreibens" entwickelten. In diesem Sinne verfasste Schriften enthalten eine doppelbödige Kommunikation, sie sprechen verschiedene Leser auf mehreren Ebenen an. Diese Kunst, als deren Schöpfer er Platon betrachtet, hatte Strauss, wie oben schon angedeutet, bei jüdisch-arabischen Philosophen des Mittelalters (die zu ihrer Zeit als Häretiker gelten mussten)

---

[14] Ebd., S. 96.
[15] Gutschker, Diskurse, S. 94.
[16] Kauffmann, Leo Strauss, S. 93.
[17] Ebd., S. 24.

ausgiebig studiert. Strauss spricht von einer „exoterischen" und einer „esoterischen" Lehre. Erstere ist an das Volk und die politischen Machthaber adressiert. Sie versteht sich als provisorische Billigung der allgemein anerkannten Meinung und vermittelt den Eindruck, der Autor passe sich den Überzeugungen der politischen Gemeinschaft an. Die große Mehrzahl der Leser vernimmt, was ihrer Erwartung entspricht und erkennt nicht die vom Autor absichtlich hervorgerufenen Unstimmigkeiten innerhalb des Textes. Diese Dissonanzen richten sich an eine geringe Zahl von vertrauenswürdigen und intelligenten Lesern, die so in der Lage sind, die esoterische Botschaft zu entschlüsseln.[18]

Es ist gängige philologische Praxis, Schriften entweder als populär (exoterisch) oder philosophisch (esoterisch) einzuordnen. Wie dargelegt geht Strauss jedoch davon aus, dass viele Texte von Philosophen „exoterisch-esoterischen" Charakter haben. Dies hat starke Auswirkungen auf Strauss' Auslegung der aristotelischen Schriften, die nach allgemein akzeptierter Lehrmeinung als esoterisch einzuordnen sind.[19]

3.6. Strauss und die politische Lehre des Aristoteles

Wenn Strauss Aristoteles rezipiert, hat er vor allem die *Politik* im Sinn, die sich hauptsächlich mit institutionellen und legislativen Problemen befasst, also gewissermaßen politische Philosophie im traditionellen Sinne darstellt. Allerdings richtet sich Aristoteles mit seiner politischen Wissenschaft nicht an alle Bürger, wie etwa die platonischen Dialoge, sondern an die elitäre Gruppe der politischen Führer und Gesetzgeber.

Wenn der Philosoph den Staatsmann adressiert, ist sein Ziel dabei, so Strauss, die Erhaltung seiner eigenen Lebensweise und seines Einflusses auf das politische Geschehen. Dabei gingen diese beiden Hauptinteressen des Philosophen nahtlos ineinander über, da er nur dann in Ruhe und Frieden leben könne, wenn die gesamte politische Gemeinschaft eine gute und stabile Ordnung besitze. Daher müsse es sein Ziel sein, Bürger zu finden, die geeignet sind, die Leitung der Staatsgeschäfte zu übernehmen. Gemäß der Interpretation Strauss' ist die gesamte praktische Philosophie des Aristoteles („the original form of political science") darauf ausgelegt, solche Männer auszuwählen, zu erziehen und zu belehren. Dazu sei die Fähigkeit zu angemessenem Handeln im konkreten Einzelfall, unter Berücksichtigung aller relevanten Faktoren notwendig. Somit müsse man politische Wissenschaft als vollauf bewusste Form

---

[18] Gutschker, Diskurse, S. 97.
[19] Ebd., S. 98.

eines vernünftigen Verständnisses von politischen Dingen sehen, was wiederum Aristoteles zum Begründer dieser Disziplin mache.[20]

Zur Erfüllung seines Auftrages an der Spitze des Staates muss der Staatsmann laut Strauss auf „noble lies" und „pious frauds" zurückgreifen, um ein Gemeinwesen organisieren und lenken zu können. Allerdings sei es für den Philosophen notwendig, ihn nicht in alle Wahrheiten (vor allem solche seine Existenz betreffend) einzuweihen, da er seine Aufgabe nur dann bestmöglich erfüllen könne, wenn er sie für das Wichtigste überhaupt halte. Tatsächlich aber diene der Staatsmann, wenn richtig geleitet, dem philosophischen Dasein, der höchsten Lebensweise von Menschen. Von diesem spreche Aristoteles jedoch nur zwischen den Zeilen, um die wenigen dazu geeigneten Männer zu adressieren, ohne dabei Verdacht zu erregen. In diesem Sinne begreift Strauss die politische Philosophie des Aristoteles als exoterisch-esoterische Lehre.[21]

3.6.1. Naturrecht

Die Aufmerksamkeit einer breiteren Öffentlichkeit erlangte Strauss mit seinem vermutlich wichtigsten Werk „Naturrecht und Geschichte", das 1953 erschien. Die Entstehung dieser Abhandlung war wohl unter anderem der Suche nach überpositiven Rechtsnormen geschuldet, was dem Charakter der damaligen Zeit entsprach, die unter dem starken Eindruck der totalitären Erfahrungen der Vergangenheit und Gegenwart stand.[22] An dieser Stelle gerierte sich Strauss als Wiederentdecker des klassischen Naturrechts.[23] Er installierte die „Natur" als eine vom Menschen selbst geschaffene, ihm angeblich gemäße neue Autorität. „Nature is older than any tradition; hence it is more venerable than any tradition... By uprooting the authority of the ancestral, philosophy recognizes that nature is the authority".[24] Für Strauss stellt der „status naturalis" die vorbildliche Ordnung des menschlichen Zusammenlebens vor aller „Kultur" dar.[25] Im Naturrecht gelangte für ihn das beschauliche Ideal der griechischen Weltauffassung zu praktischer Verbindlichkeit. Nur mit diesem als Ausgangspunkt sei politisches Philosophieren möglich gewesen, unter anderem deshalb, weil ausschließlich das Naturrecht zusammen zu fassen schien, was die moderne Weltauffassung angeblich

---

[20] Ebd., S. 98/99.
[21] Ebd., S. 99.
[22] Gutschker, Diskurse, S. 104; Strauss konstatierte diesbezüglich ein Versagen von Politik und Gesellschaft angesichts der Vernichtung der Menschlichkeit durch die Tyranneien des 20. Jahrhunderts. Siehe hierzu: Kauffmann, Leo Strauss, S. 41.
[23] Gutschker, Diskurse, S. 104.
[24] Ballestrem, Politische Philosophie, S. 112/113.
[25] Kauffmann, Leo Strauss, S. 92.

auseinanderdividiert hatte: Tugendlehre und Institutionenkunde, Gerechtigkeit und Staatsgewalt, subjektives Recht und objektives Recht, Gesellschaft und Politik.[26] Für Strauss gehört es zum Politischen, die menschliche Natur in ihrer „vernünftigen" politischen Verfassung anzuerkennen, sie als eine vorbildliche Ordnung aufzufassen und sich entsprechend in ein pflegendes Verhältnis zu ihr zu setzen.[27]

3.6.2. Die Natur des Menschen

Nach Strauss führte die eingehende kritische Beschäftigung mit politischen Gemeinschaften zur Entstehung der Philosophie. Für die Polisgesellschaft der griechischen Antike stellte das Angestammte gleichzeitig das Gute dar und hatte seinen Ursprung im göttlichen Geschick. Die ersten Philosophen dagegen glaubten nicht an einen göttlichen Ursprung der gegebenen Ordnung, sondern sahen diese durch menschliche Autorität und Konvention begründet, und setzten gleichzeitig das Gute mit der *physis*, der natürlichen Beschaffenheit einer Sache, gleich. Somit schufen sie einen Maßstab, der frei von Willkür war und der das für die Menschen Gute aus deren Natur herleitete, ohne dabei gesellschaftlichen Zwängen ausgesetzt zu sein, erreichten also aus ihrer Sicht die „Verwirklichung einer menschlichen Möglichkeit […], welche zumindest ihrer eigenen Deutung zufolge transhistorisch, transsozial, transmoralisch und transreligiös ist".[28] Nach Strauss formuliert die politische Philosophie lediglich die Anweisungen, die ihr die Natur gibt. Deshalb sei das Verhältnis des Menschen zur Natur ein fundamental politisches Verhältnis, Politik und Natur gehörten untrennbar zusammen.[29]

Aristoteles unterscheidet den Menschen von „höheren" Dingen (göttliches Wesen, Gestirne) und „niederen" Dingen (Tiere, Pflanzen) und definiert grundsätzliche menschliche Fähigkeiten. Diese sind Vernunft (*nous*), durch die Vernunft bestimmtes Denken und Sprechen (*logos*) und ein politisch geordnetes Zusammenleben. Diese universal-anthropologische Annahme kontrastiert mit von Aristoteles, vor allem in seiner praktischen Philosophie, beschriebenen „natürlichen" Entartungen bei Menschen, die der Stagirit in vernunftlosen Sklaven und Barbaren einerseits und gottähnlichen Philosophen andererseits zu sehen glaubte. Strauss sieht in dieser radikalen Sicht des Menschen die eigentliche, esoterische Lehre des Aristoteles, die dieser jedoch aus politischen Gründen durch die

---

[26] Ballestrem, Politische Philosophie, S. 113.
[27] Kauffmann, Leo Strauss, S. 93.
[28] Gutschker, Diskurse, S. 104.
[29] Kauffmann, Leo Strauss, S. 93.

Propagierung einer allgemeinen, perfektiblen Natur der Menschen abschwächen musste. Der Stagirit beschreibt drei verschiedene Lebensformen der Menschen, das Leben niederer Genüsse (*bios apolaustikos*), das bürgerliche Leben (*bios politikos*) und das philosophische Leben (*bios theoretikos*), denen Strauss' Einteilung in die typologischen Menschennaturen des Pöbels, der Vornehmen und der Weisen entspricht.[30]

Da sich die menschliche Natur nach Strauss nicht ändern kann, sind für ihn die grundlegenden Unterschiede zwischen den Menschen das Grundproblem jeder Gesellschaft. Jeder, der Pöbel, die Vornehmen und die Weisen, strebe nach politischer Macht. Das Naturrecht ist nach Strauss der Maßstab, anhand dessen es möglich ist, zu entscheiden, wer von Natur aus das Recht hat zu herrschen. Für Strauss ist die Beantwortung dieser Frage gleichzeitig die Antwort auf die Frage nach der besten *politeia* in der klassischen politischen Wissenschaft. Da deren Verwirklichung jedoch äußerst unwahrscheinlich sei, beschäftigt sich Strauss, wie Aristoteles, mit dem jeweils bestehenden Regime und der unter diesen Voraussetzungen bestmöglichen politischen Ordnung.[31]

3.6.2.1. Natur und Herrschaft des „Pöbels"

Nach Aristoteles entspricht bei den meisten und vulgärsten Menschen das Gute dem Angenehmen. Sie entschieden sich für ein quasi sklavisches Leben und stellten eine unter ihren Möglichkeiten bleibende Lebensform dar. Ein Sklave unterscheide sich nicht von den Tieren, da ihm die charakteristische menschliche Fähigkeit des *nous* fehle. Um trotzdem an diesem partizipieren zu können, sei es für ihn erforderlich, sich einem Herrn zu unterwerfen und zu gehorchen wie ein Werkzeug. Für diese Art von „Mensch" sei die Sklaverei das von Natur aus Beste. Strauss verweist ausdrücklich auf diese Thesen des Aristoteles[32], weil sie vordergründig auf wesentliche Differenzen zwischen den Menschen hinzuweisen scheinen, und überträgt den Gesichtspunkt hinsichtlich der tierischen Natur des Sklaven auf die gesamte Gruppe des Pöbels. Er ist fest davon überzeugt, dass Menschen nicht erzogen werden können. In seinen Augen sind sie von Natur aus schlecht.

Für den Pöbel ist laut Strauss das größte Gut oder das Angenehmste, mehr als andere zu besitzen und über andere zu herrschen. Da dieses Streben in einer politischen Gemeinschaft

---

[30] Ebd., S. 107.
[31] Ebd., S. 114/115.
[32] Allerdings weist er den Vorschlag des Aristoteles, den Leibeigenen die Freiheit in Aussicht zu stellen, zurück, was einen ausdrücklichen Widerspruch zu Aristoteles und wohl auch eine Fehlinterpretation von dessen Lehre darstellt, da dieser trotz seiner ontologischen Begründung der Sklaverei die Möglichkeit offen lässt, dass auch Sklaven ein von Natur aus freies Leben führen können. Siehe hierzu: Gutschker, Diskurse, S. 107.

durch Gesetze beschränkt ist, versuchten sie den Anschein der Gerechtigkeit aufrecht zu erhalten und gleichzeitig ihre Mitmenschen hinterhältig zu betrügen. Die erfolgreichsten von ihnen bildeten die naturgemäße Elite des Pöbels, die in einer Tyrannis zu höchster politischer Macht kommen könne. Um zu verhindern, dass diese Menschen eine Polis aus ihrem inneren Gleichgewicht bringen, rät Strauss zu vornehmen Lügen und harten Gesetzen, von welchen er annimmt, sie stünden in Einklang mit den Vorstellungen des Aristoteles. Strauss unterstellt Aristoteles, dieser sei von der Schlechtigkeit und Minderwertigkeit des Pöbels überzeugt gewesen und habe „the insufficiency of persuasion for the guidance of ‚the many' and the necessity of laws with teeth in them" erkannt. Dabei unterschlägt er jedoch, dass Aristoteles zwar in der *Politik* Verbote und Strafen befürwortet (wobei hier durchaus auch Gesetze gefordert werden, die aus freien Stücken befolgt werden, weil gut erzogene Bürger sie als gut und rechtmäßig betrachten, und nicht so sehr „laws with teeth in them"), in der *Nikomachischen Ethik* aber politische Vorsorge zur sittlichen Erziehung und geistigen Bildung fordert. Strauss verschweigt diesen pädagogischen Aspekt (bzw. beschränkt ihn auf die Verbreitung von vornehmen Lügen), da der Pöbel aus seiner Sicht von Natur aus grundlegend minderwertig und deshalb unmöglich zu erziehen ist. Dabei verkennt er, dass für Aristoteles das wahre Glück (*eudaimonia*) ein Gemeingut für viele ist, da Tugenden (*arete*) durch Lernen und Üben erlangt werden könnten. Diese Essenz der *Nikomachischen Ethik* dürfte kaum als vornehme, exoterische Lüge zu verstehen sein.[33]

Aristoteles bezeichnet die Demokratie, die Herrschaft des Volkes, als Verfallsform politischer Ordnung. Diese Kritik an demokratischer Herrschaft greift Strauss dankbar auf als Bestätigung seiner Ansichten über den Pöbel. Nach seiner Interpretation beschreibt Aristoteles Zustände, in denen Menschen herrschen, die naturgemäß eher beherrscht werden müssten und verneint dieser die natürliche Gleichheit aller Menschen. Desweiteren treffe seine Beschreibung der Demokratie auf die Zustände moderner westlicher Gesellschaften zu. Damit benutzt Strauss die aristotelische Lehre als Instrument seines Angriffs auf das politische Ideal der Aufklärung. Seiner Ansicht nach ist die Gesellschaft der Moderne das praktische Produkt der theoretischen Abkehr von der aristotelischen Physik, also der Hypothese von den „essential differences". Diese „grundlegenden Unterschiede" habe Aristoteles auch zwischen dem Wohl der Gesellschaft und dem Wohl des Einzelnen konstatiert und führe sie auf die natürliche Wesensverschiedenheit der Menschen zurück. Deshalb sei im klassischen Verständnis eine vom Volk gewählte und von dessen Wohlwollen

---

[33] Gutschker, Diskurse, S. 107-109.

abhängige Regierung gegen die Natur, da das bedeuten würde, „that the higher is responsible to the lower".[34]

Allerdings versteht Strauss die aristotelische Lehre falsch, wenn er sie zur Rechtfertigung seiner allumfassenden Verurteilung der Demokratie ins Felde führt. Aristoteles stellt in der *Politik* die so genannte „Summationstheorie" auf, wonach eine Partizipation des *demos* an den politischen Institutionen durchaus von Vorteil sein könnte, da, obgleich kein Einzelner die volle Tugend (*arete*) besitzen könne, einzelne Vorzüge und Einsichten (*phronesis*) sich im Volk zu einer Gesamtheit vereinigen könnten und der *demos* auf diese Weise einem einzelnen besonders fähigen Mann überlegen sei. Strauss weist diese aristotelische Theorie als populistische Argumentation (exoterisch) zurück. Allerdings sprechen die Vehemenz, mit der Aristoteles seine These verteidigt und seine qualifizierenden Zusätze (der *demos* solle nicht zu sklavisch sein und ausschließlich an der *ekklesia*, der *boule* und dem *dikasterion* partizipieren, ohne Zugang zu den höchsten (Exekutiv-) Ämtern zu erlangen) deutlich gegen Strauss' Interpretation. Aristoteles ist nicht nur der Meinung, dass die Angehörigen des *demos* Urteilsvermögen entwickeln können, er zeigt sogar einen Weg, wie dieses Vermögen ausschließlich durch politische Praxis, also unabhängig von formaler Erziehung, entwickelt werden könne. Die gemeinsame Meinungsbildung in den jeweiligen Institutionen ermögliche es jedem Bürger, seinen Horizont zu überschreiten und Tugend, hier Klugheit (*phronesis*) oder Urteilsvermögen, zu entwickeln. Für Strauss ist es nur konsequent, diese Gedanken zurückzuweisen, da sie seiner Überzeugung von der unverbesserlichen Natur des Pöbels diametral gegenüberstehen.[35]

3.6.2.2. Natur und Herrschaft der „Vornehmen"

Im Zentrum der *Nikomachischen Ethik* steht die Lebensweise des Bürgers, welche hier durchweg positiv konnotiert ist. Deshalb ist sie durchaus als Werbung oder Verteidigung des *bios politikos* zu sehen. Im Sinne der antiken Polis ist unter „bürgerlich" oder „politisch" ein Leben zu verstehen, das sich vorwiegend mit öffentlichen Angelegenheiten beschäftigt und somit die Partizipation an den Institutionen innerhalb der Polis voraussetzt. Diese Lebensweise hält auch Strauss für erstrebenswert, der in Verbindung mit dem Ausdruck *bios politikos* häufig die Begriffe „the noble" oder „the gentlemen" verwendet, also von den „Vornehmen" spricht. Strauss schreibt diesen Bürgern mit Bezug auf die *Nikomachische*

---

[34] Ebd., S. 118.
[35] Ebd., S. 118/119.

Ethik zwei Generaltugenden zu, Gerechtigkeit und Hochsinnigkeit. Hinsichtlich der Charakterisierung der zweiten Tugend existieren jedoch entscheidende Unterschiede zwischen Strauss und Aristoteles. Für letzteren sind für *megalopsychia* die Aspekte Bescheidenheit, Hilfsbereitschaft und Bedächtigkeit charakteristisch (also innere Werte und nicht wie für seine Zeitgenossen äußere Werte wie Ehre, Reichtum und Macht), wohingegen ersterer als Charakteristikum die Perfektionierung des einzelnen Charakters sieht, die eine entsprechende ökonomische Basis und „a man's conviction of his own worth" (die Strauss auch als „noble pride" bezeichnet) voraussetze. Auch Aristoteles betrachtet Besitz als einen durchaus bedeutenden Aspekt im Wirken von „Hochsinnigen", jedoch ist es nach seinem Dafürhalten charakteristisch für diese, sich zum einen großzügig zu erweisen, indem sie Menschen mit weniger Besitz reichhaltig unterstützen und prinzipiell eher geben als nehmen, und zum anderen inneren Gütern einen größeren Stellenwert einräumen als äußeren Gütern (siehe oben). Somit weicht auch hier Strauss' Auslegung des Aristoteles von dessen eigenem Verständnis von Ethik ab. Strauss behandelt die inneren Güter *philia*, *hedone* und *eudaimonia* im Zuge seiner Beschäftigung mit den Vornehmen nur oberflächlich, da er auch hier der Überzeugung ist, dass alle darauf bezogenen Anmerkungen des Aristoteles Ausdruck dessen exoterischer Lehre sind und der Ausbildung von Staatsmännern dienen. Grundsätzlich erleuchte Aristoteles den Vornehmen nur so weit, dass dieser, ohne misstrauisch zu werden, nicht in seinem eigenen, sondern im Sinne des Stagiriten (des Philosophen) handle. Er mache ihn glauben, seine *aretai* seien die bedeutendsten und führten zum höchsten Glück, um ungestört selbst danach streben zu können. Erziehung sei also die kennzeichnende Kunst des Philosophen, die das Ziel verfolge, den Staatsmann so auf die Führung des Staatswesens vorzubereiten, dass die Überlegenheit und Unabhängigkeit des Denkers gewahrt bleibe.[36]

Die Herrschaft der Vornehmen stellt für Strauss einen Kompromiss dar. Die seiner Meinung nach beste Verfassung, die Herrschaft der Weisen, entspreche zwar der Natur (des Philosophen), werde aber vom Großteil der Masse abgelehnt. Die seiner Meinung nach schlechteste Verfassung dagegen, die Herrschaft des Pöbels, widerspreche der Natur. Da der Philosoph gegen den Willen des Volkes aber keine stabile politische Ordnung aufrechterhalten könne, wähle er die nach den Umständen beste Verfassung, ein aus monarchischen, aristokratischen und demokratischen Komponenten zusammengestelltes gemischtes Regime, in welchem die Vornehmen die Schlüsselpositionen inne haben. Dieses Regime ist für Strauss gleichzeitig ein Kompromiss zwischen Weisheit und Torheit, zwischen Naturrecht, das durch Vernunft oder Verstand zu erkennen sei, und dem Recht, das sich

---

[36] Ebd., S. 109-111.

ausschließlich auf Meinung stütze. Diesen Kompromiss beschreibt Strauss anhand seiner exoterischen Auslegung der Naturrechtslehre des Aristoteles.[37]

In der *Nikomachischen Ethik* teilt Aristoteles das politische Recht in natürliches und konventionelles Recht. Für ihn hat das natürliche Recht überall die selbe, von menschlicher Zustimmung unabhängige Geltung. Nur bei den Göttern sei das Natürliche unveränderbar, bei den Menschen dagegen sei alles Natürliche veränderlich. Dies erklärt Strauss wie folgt. Naturrecht beruhe auf „allgegenwärtigen Konventionen", gewissermaßen auf Regeln, die in allen bürgerlichen Gesellschaften als „Mindestanforderungen der Gesellschaft" entstünden. Die bürgerliche Gesellschaft sei zwar mit keiner unveränderlichen Regel vereinbar, müsse jedoch aus „pädagogischen Gründen" bestimmte allgemeingültige Regeln als universell deklarieren. In manchen Situationen sei es jedoch erforderlich, der Selbsterhaltung der Gesellschaft den Vorzug gegenüber den Forderungen der „allgemeinen Prinzipien" einzuräumen. Das Recht der Polis beruhe also auf „allgegenwärtigen Konventionen" und dürfe gemäß den „Erfordernissen der öffentlichen Sicherheit" verändert werden. Wann dies erforderlich ist, könne nicht durch eine universale Regel bestimmt werden, so dass es dem zuständigen Staatsmann überlassen bleibe, dies zu entscheiden und die Prinzipien der Polis im Notfall zu missachten, soweit der innere Friede dadurch nicht gestört werde. Das bedeutet, der Staatsmann sollte, nach Strauss, die „allgemeinen Prinzipien" der Gerechtigkeit als unveränderliches Naturrecht darstellen. So verstandenes Naturrecht könnte man als „vornehme Lüge" bezeichnen. Es hat nicht eine überpositive Wahrheit, sondern die Stabilität der Ordnung zum Ziel und bildet den nötigen Kompromiss zwischen Weisheit (also echtem Naturrecht) und Torheit (d.h. bloß konventionellem Naturrecht).

Der wahre Stellenwert des Naturrechts, des Rechts der Weisen, wird laut Strauss von Aristoteles nicht enthüllt, um Konflikte zwischen seinem Ziel, der Herrschaft der Weisen, und dem Ziel der Polis, der wechselseitigen Regierung von Freien und Gleichen, zu verdecken. So scheine es für die Menschen, als sei die in dem Gemeinwesen erreichbare Gerechtigkeit vollkommen und ohne Frage gut. Für den Philosophen diene diese Täuschung dem Zweck, den Staatsmann nicht misstrauisch werden zu lassen und ihn gleichzeitig gemäß der Interessen der Weisen zu lenken. Dies verschaffe dem Philosophen einen unsichtbaren Platz an der Macht. Somit sei die bestmögliche Verfassung des Aristoteles eigentlich ein unterschwelliges Programm zur geheimen Machtergreifung der Weisen (Philosophen). Der einzige Unterschied zur besten Verfassung sei der, dass die Weisen ihren Machtanspruch nicht offen kommunizierten und in die Tat umsetzten. Diese Auslegung der aristotelischen

---

[37] Ebd., S. 119.

Lehre als Versuch einer heimlichen Machtergreifung und die Rückprojizierung dieser These auf die klassische politische Philosophie ist der Kern des straussschen Verständnisses von der Philosophie des Aristoteles. Wenn er in diesem Kontext von den klassischen Philosophen spricht, meint er in erster Linie sich selbst.[38]

Strauss zielte darauf ab, in der modernen Massengesellschaft mit Hilfe der Vornehmen eine (politische) Aristokratie zu installieren. Dazu sah er es als erforderlich an, „the noble" im Sinne des Liberalismus zu erziehen und als Mitglieder einer Massendemokratie für menschliche Größe zu sensibilisieren. Zusätzlich wollte er die fähigsten „Aristokraten" zu wirklichen Philosophen heranbilden. Ihnen vermittelte er die in seinen Augen „basic truth", nach welcher sie von Natur aus allen anderen überlegen seien und mit Nicht-Philosophen niemals einen wirklichen Gedankenaustausch haben könnten.[39]

3.6.3.2. Natur und Herrschaft der „Weisen"

In der *Nikomachischen Ethik* bezeichnet Aristoteles das philosophische Leben, nicht das politische, als das wahre Glück des Menschen, da jenes diesem hinsichtlich Stetigkeit, Autarkie und Muße überlegen sei, denn es verspreche göttliche Erfüllung und nicht bloß menschliches Glück. Trotzdem müsse der Philosoph, da er mit anderen Menschen in einer Gemeinschaft lebt, versuchen, diese hinsichtlich des (politischen) Zusammenlebens der Menschen zu verbessern. Strauss beschreibt vor diesem Hintergrund die zwei natürlichen Ziele des Philosophen, das soziale Leben einerseits und (als sein eigentliches Ziel) die Philosophie andererseits. Das Streben nach letzterem Ziel allerdings habe ein zurückgezogenes Leben am Rande der Gesellschaft zur Folge, da der Philosoph sich nur so der Erforschung der wichtigsten Dinge widmen könne. Des Weiteren sei dieses höchste Gut des Menschen nicht deckungsgleich mit dem Gut der Stadt, so dass der Philosoph eigentlich gar keinen Teil des Gemeinwesens bilde. Trotzdem benötige er Freunde, zum einen echte Freunde, also tatsächliche oder potentielle Philosophen, zum anderen nützliche Freunde, die es ihm ermöglichen, seiner Bestimmung, seiner Arbeit nachzugehen, denn der „[...] Philosoph kann sein Leben nicht seiner eigenen Arbeit widmen, wenn andere nicht bereit sind, seinen Hunger zu stillen." Deshalb werde er zu einem politischen Philosophen und diene seiner Stadt oder deren Herrschern als Berater.[40]

---

[38] Ebd., S. 119-121.
[39] Ebd., S. 121.
[40] Ebd., S. 111/112.

Für Strauss ist das beste Regime dasjenige, in dem die Besten regieren, also die Weisen. Diese Herrschaft der Weisen müsse absolut sein, um „den freien Fluß der Weisheit" nicht durch Vorschriften zu verhindern. Auch die absolute Herrschaft *eines* Mannes könne in diesem Zusammenhang diesen Ansprüchen genügen, falls dieser ein geborener Herrscher sei. Strauss interpretiert Aristoteles' *Politik*, in welcher dieser darlegt, dass falls in einer Polis ein Mann (oder mehrere) alle anderen an *arete* und politischer Fähigkeit übertreffe, dieser wie ein Gott unter Menschen sei und König auf Lebenszeit werden müsse, in diesem Sinne, verkennt dabei aber, dass der Stagirit und er ein unterschiedliches Verständnis von *arete* und der Natur des Menschen haben. Zum einen hält es Aristoteles für unmöglich, dass es einen Menschen gibt, der trefflicher ist als alle anderen, zum anderen wohne einem solchen, falls es ihn doch gebe, da er ein Mensch ist, trotz allem Begierde und Zorn inne, die ihn verleiteten. Deshalb müsse dem Gesetz die Regierung übertragen werden. Ein gottgleicher Herrscher ist für Aristoteles demzufolge ein bloß fiktives Gedankenspiel, wohingegen Strauss ihn als Verwirklichung des Naturrechts der Weisen sieht. Da für Aristoteles in der besten Polis die Bürger Freie und Gleiche im höchstmöglichen Sinne sind und die Trennlinien zwischen dem *bios politikos* und dem *bios theoretikos* damit stark verschwimmen, ist seine Aristokratie keine Herrschaft der Weisen, sondern die wechselseitige Regierung vollendet guter Männer. Strauss betrachtet auch das als exoterische Botschaft und versteht die Ausführungen Aristoteles' als Anweisung an die wenigen (potentiellen) Philosophen, das betrachtende Leben als wahres Ziel ihres Lebens zu verfolgen, versteckt in der Anpreisung des politischen Lebens. Die Verwirklichung der besten Verfassung scheint beiden Philosophen unter günstigen Umständen möglich, allerdings setzt Aristoteles dabei auf die Kraft der Erziehung, während Strauss als Mittel die Lüge wählt.[41]

Für Strauss ist die „wahre" Demokratie, im Unterschied zu ihrer Verfallsform in der Massendemokratie der Moderne, die Tugendaristokratie der griechischen Antike. Mit der damit verbundenen Form des Philosophenkönigtums und dessen Einbettung in die amerikanische Tradition des demokratischen „common sense" gelangt er zu dem Schluss, dass Liberalismus und Demokratie nichts miteinander zu tun hätten und schuf damit das Fundament für den Siegeszug der neokonservativen Denkrichtung in den USA.[42]

---

[41] Ebd., S. 115-117.
[42] Ballestrem, Politische Philosophie, S. 117.

4. Resümee

Strauss' Schriften behandeln die gesamte Geschichte der Philosophie, von den Vorsokratikern bis hin zu Heidegger (und darüber hinaus). Die wohl bedeutendsten, weil langfristigsten, Konsequenzen dürfte das Strausssche Werk für die politische Philosophie an sich haben. Vor allem das Spätwerk von Strauss setzte eine umfangreiche Diskussion darüber in Gang, welchen Stellenwert die politische Philosophie innerhalb der Politikwissenschaft besitzt. Einige Straussianer sprechen mit Blick auf Strauss von einer „Renaissance des politischen Philosophierens im klassischen Stil", während diverse Kritiker dies als „Mythologisierung der Tradition" verwerfen und darin sowohl einen antidemokratischen Elitismus sehen als auch die „Renaissance eines neuen politischen Irrationalismus" befürchten.[43]

Ob man Strauss' politische Haltung als „ultra-konservativ" bezeichnen kann, liegt wohl im Auge des Betrachters.[44] Ohne Frage ist es aber sein Verdienst, die klassische politische Philosophie neu belebt und die Aufmerksamkeit seiner Zunft wieder verstärkt auf die griechische Antike gerichtet zu haben. Trotzdem scheint es meines Erachtens übertrieben gewesen zu sein, zu sagen, „[...] that in the coming decades, philosophical interpretation will be massively influenced and perhaps decisively redirected by Strauss' work."[45]

---

[43] Ebd., S. 117/118.
[44] Ebd., S. 105/115.
[45] Crespigny, Political philosophers, S. 67/68.

Literaturverzeichnis

1. Thomas Gutschker, Aristotelische Diskurse. Aristoteles in der politischen Philosophie des 20. Jahrhunderts, Stuttgart 2002.

2. Clemens Kauffmann, Leo Strauss zur Einführung, Hamburg 1997.

3. Eugene F. Miller, Leo Strauss. The recovery of political philosophy, in: Anthony de Crespigny/Kenneth Minogue (Hg.), Contemporary political philosophers, London 1975.

4. Alfons Söllner, Leo Strauss, in: Karl Graf Ballestrem/Henning Ottmann (Hg.), Politische Philosophie des 20. Jahrhunderts, München 1990.